LÉONARD

GROT1257

LÉONARD 32

MAGIC GÉNIE

turk & de groot
COULEURS: Kael

LE LOMBARD
LA BD DES 7 A 77 ANS

Première édition

D/2002/0086/216
ISBN 2-80361-744-7

Dépôt légal : Mai 2002

LES EDITIONS DU LOMBARD
7, AVENUE PAUL-HENRI SPAAK - 1060 BRUXELLES - BELGIQUE

WAOUH ! VOUS AVEZ L'AIR BIEN CONCENTRÉ, CE MATIN, MAÎTRE !...
HMMH ?
AH, C'EST VOUS ?!... ON PEUT DIRE QUE VOUS TOMBEZ TOUT JUSTE AU BON MOMENT, TIP TOP À L'HEURE, PILE POIL !....
BEN, COMME TOUS LES MATINS.. DÈS POTRON-MINET : À MIDI MOINS LE QUART !
POLTRON ? POLTRON ? DITES DONC, VOUS, SOYEZ POLI, HEIN ?!!
HUM !... JE VIENS D'ACQUÉRIR À VIL PRIX, AU MARCHÉ AUX PUCES, CE TRAITÉ DE MAGIE !... C'EST POUR ÇA QUE VOUS ARRIVEZ À POINT !...
JE CROIS QUE LE SPECTACLE VA COMMENCER !
NOUS ALLONS... EUH... JE VEUX DIRE... VOUS ALLEZ ESSAYER QUELQUES-UNES DES RECETTES DE CE TRAITÉ !
OH OUI!!!!!! UN PHILTRE D'AMOUR POUR LA VOISINE AFIN QU'ELLE TOMBE FOLLEMENT AMOUREUSE DE MOI !
EUH... ON VERRA ÇA PLUS TARD !...
MAIS D'ABORD, IL ME FAUT UNE GRANDE MARMITE !
ALLEZ ME LA QUÉRIR, DISCIPLE !
BOLONG DOLONG CLONG
PAS CELLE-LÀ !... LA PLUS GRANDE !
IL QUIERT ?!?
MERCI, DISCIPLE, POSEZ DONC ÇA LÀ !
HOULÀ ! HOULÀ !
ICI !
AUJOURD'HUI, VOUS QUÉREZ ET HIER, VOUS QUÉRÂTES !...
... ET NOUS QUÉRASSES ?!...

À MON AVIS, IL NE FAUT PAS QUÉRIR !... IL VAUT MIEUX ALLER CHERCHER, COMME TOUT LE MONDE !
ALLONS-Y POUR LES INGRÉDIENTS... A/ TROIS LITRES DE BAVE DE LÉZARD HYPOCONDRIAQUE... B/ QUARANTE-HUIT ROGNURES D'ONGLES DE BOA CONSTRICTOR ACARIÂTRE... C/ ONZE POILS D'ÉGRABILTURE HOLUTÉE...
?
POUR A ET B : PAS DE PROBLÈME... MAIS POUR C !?... C'EST QUOI, UNE ÉGRABILTURE HOLUTÉE ?
?
C'EST PAREIL À UN ZABALTORE BRAZURÉ...
... MAIS UN PEU MOINS GRAND !
SUIS-JE BÊTE ! TOUT LE MONDE SAIT ÇA !
UN POIL PLUS TARD...
AH ! POUR TERMINER, QUESTION GOÛT, VOUS PRÉFÉREZ BANANE OU FRAMBOISE ?...
BEAUCOUP DE BANANE ET BEAUCOUP DE FRAMBOISE PARCE QUE POUR CE QUI EST DU RESTE, MOI, VOTRE RECETTE, LÀ...
FOUILLE FOUILLE
BLAM
BANANE OU FRAMBOISE ?...
FRAMBOIVE !...
2.
BUVEZ !
BLUB
FINALEMENT, NON !... JE NE BOIS PAS ! JE N'AI PAS DU TOUT CONFIAN...
BLUBBLUB
BLAM

GLOU GLOU GLOU
BWÊ !
IL EST DES NÔ-ÔTRES, IL A BU SON VERRE COM-ME LES ZÔ-ÔTRES !...
BLITZ
ÇA A MARCHÉ !
?
Puzzle 1000 PIÈCES
1000 PIÈCES
WAOUH ! J'ADORE LES PUZZLES !
!
ÇA A MARCHÉ !!! VOUS TROUVEZ ?...
ET VOILÀ LE TRAVAIL !
VITE FAIT, BIEN FAIT !
ET QUE COMPTEZ-VOUS FAIRE POUR ME RENDRE MON ÉTAT NORMAL ?...
SIMPLE !... UNE SEULE SOLUTION !...
C'EST DINGUE ! ON A UNE PIÈCE EN TROP !
... BUVEZ CECI !...
ENCORE !... NON !... VOUS NE M'AUREZ PAS DEUX FOIS ! JE REFUSE CATÉGORIQUEMENT !
VOUS, LE PUZZLE, ÉCOUTEZ-MOI BIEN !... SI VOUS NE BUVEZ PAS IMMÉDIATEMENT, JE VOUS DÉFAIS ET J'ÉGARE LA MOITIÉ DES PIÈCES !...
GLIP
SNIF !
GLOU GLOU GLOU GLOU

BLIEZ
C'EST DÉJÀ BEAUCOUP MIEUX !
VOUS TROUVEZ ÇA MIEUX ??
BUMP PITY BUMP
TIENS, UNE BALLE PERDUE !!!
WAF WAF WAF
VOUS FAITES POURTANT UN BALLON DE PLAGE TOUT À FAIT ACCEPTABLE !
DONNEZ-MOI CE BREUVAGE, LÀ, QUE J'EN BOIVE !... VITE !...
JE NE SAIS SI C'EST RAISONNABLE !... IL N'EST PAS STABILISÉ... QUI SAIT QUELLE FORME VOUS RISQUEZ DE PRENDRE...
M'EN FICHE !
DONNEZ !
CE TYPE EST GONFLÉ, NON ?
IL A PEUR DE SE FAIRE ROULER !...
PITUM PITUM PITUM
GLOU GLOU GLOU GLOU
BLIEZ
J'EN AI MARRE, MARRE, MARRE ! MA VIE EST UN ENFER ROUGEOYANT !
XSSS
4.
MERCI !
BERNADETTE, APPORTE L'AÉROSOL ANTI-INSECTES, VITE !
GLOU GLOU GLOU GLOU
INSECTES VOLANTS OU RAMPANTS ?...
C'EST PLUS LA PEINE !... LAISSE TOMBER !
AMÈNE PLUTÔT UN PEIGNE !
BLIEZ

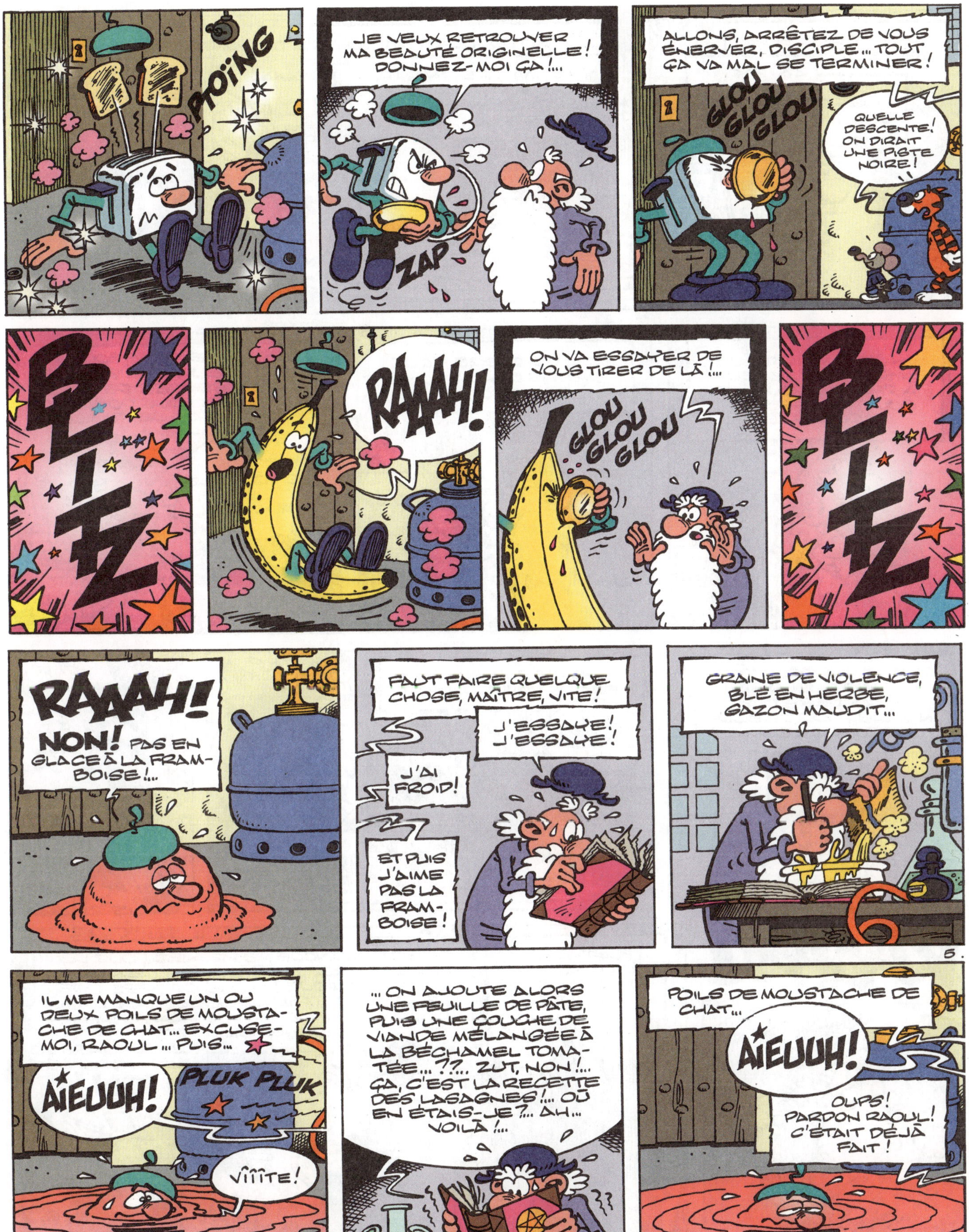

POÏNG
JE VEUX RETROUVER MA BEAUTÉ ORIGINELLE ! DONNEZ-MOI ÇA !...
ZAP
ALLONS, ARRÊTEZ DE VOUS ÉNERVER, DISCIPLE... TOUT ÇA VA MAL SE TERMINER !
GLOU GLOU GLOU
QUELLE DESCENTE ! ON DIRAIT UNE PISTE NOIRE !
BLIZZ
RAAAH !
ON VA ESSAYER DE VOUS TIRER DE LÀ !...
GLOU GLOU GLOU
BLIZZ
RAAAH ! NON ! PAS EN GLACE À LA FRAMBOISE !...
FAUT FAIRE QUELQUE CHOSE, MAÎTRE, VITE !
J'ESSAYE ! J'ESSAYE !
J'AI FROID !
ET PUIS J'AIME PAS LA FRAMBOISE !
GRAINE DE VIOLENCE, BLÉ EN HERBE, GAZON MAUDIT...
5.
IL ME MANQUE UN OU DEUX POILS DE MOUSTACHE DE CHAT... EXCUSE-MOI, RAOUL... PUIS...
AÏEUUH !
PLUK PLUK
VIÎITE !
... ON AJOUTE ALORS UNE FEUILLE DE PÂTE, PUIS UNE COUCHE DE VIANDE MÉLANGÉE À LA BÉCHAMEL TOMATÉE... ??... ZUT, NON !... ÇA, C'EST LA RECETTE DES LASAGNES !... OÙ EN ÉTAIS-JE ?... AH... VOILÀ !...
POILS DE MOUSTACHE DE CHAT...
AÏEUUH !
OUPS ! PARDON RAOUL ! C'ÉTAIT DÉJÀ FAIT !

TROIS TICKETS DE MÉTRO ?!?!
ÇA, PAR CONTRE, JE NE SAIS PAS S'IL M'EN RESTE !...
JE T'AI TOUJOURS DIT QUE C'ÉTAIT UN TYPE COULANT !
VITE, MAÎTRE, AVANT QUE MATHURINE N'ARRIVE AVEC UNE SERPILLIÈRE !
HAHA !
OUI, MAIS ÇA, C'EST LA GOUTTE QUI FAIT DÉBORDER LE VASE !
WAF ! WAF !
MINUTE ! MINUTE ! JE FAIS CE QUE JE PEUX !... À PROPOS, POUR LE GOÛT, ORANGE OU CITRON ?...
BON, D'ACCORD, NOUS DISONS DONC : NOIX DE COCO !...
... J'AJOUTE TROIS BOULONS DE 12, DEUX VIS À BOIS, 7 CHAUSSETTES DE MILLE-PATTES ET VOUS POURREZ L'AVALER !... JE TOUILLE, JE TOUILLE !...
ET MOI, JE TROUILLE, JE TROUILLE !...
C'EST PAS TROP TÔT ! ENCORE QUELQUES SECONDES ET JE N'AVAIS PLUS DE BOUCHE POUR LE BOIRE !
JE PENSE QU'AVEC CETTE PETITE PRÉPARATION...
ÇA VA AGRANDIR LA FLAQUE, ÇA !
GLOU GLOU GLOU
BLITZ
RAAAH !
... PEUT-ÊTRE QUE SI VOUS M'EMBRASSIEZ, MAÎTRE ?...
NON ?
DITES DONC, VOUS ME PRENEZ POUR LE PRINCE CHARMANT ?... ET PUIS, CE N'EST PAS HYGIÉNIQUE !... VOUS CROYEZ QUE JE NE VOUS AI PAS VU GOBER CES DEUX MOUCHES ?... MAIS ON POURRAIT DEMANDER À MATHURINE SI...
LA RÉPONSE DE MATHURINE EST NON !
ICI BAS, CHACUN DOIT PORTER SA CROÂÂÂÂ !
6.

la main à la pâte

maison vole

DISCIPLE !
QUI ME MURMURE À L'OREILLE DÈS POTRON-MINET ?...
DISCIPLUS-SIMPLEX
TAP TAP
ON M'APPELLE ?
LÂCHE !... VOUS VOUS ÊTES ENCORE UNE FOIS MIS DES BOULES DE CIRE DANS LES OREILLES !...
?
LE TEMPS D'ENLEVER LES BOULES DE CIRE QUE JE ME SUIS MISES DANS LES OREILLES ET JE SUIS À VOUS !...
PLOP
PLOP
?
?
DISCIPLE !
ÇA, J'AURAIS DÛ M'EN DOUTER !
JE VIENS DE CONCEVOIR UNE INVENTION, TRÈS UTILE DANS LA VIE QUOTIDIENNE, SUR LAQUELLE J'AIMERAIS AVOIR VOTRE AVIS !...
EN GROS, JE VAIS TESTER UNE INVENTION QUI, DE PLAIES EN BOSSES, VA ME CONDUIRE VITE FAIT À L'HÔPITAL !...
EUH... PAS DU TOUT !...
... ET, QUOI QU'IL EN SOIT, JE VOUS INTERDIS FORMELLEMENT DE LIRE DANS MES PENSÉES !...

JE VIENS ENFIN D'INVENTER, LÀ, TOUT DE GO, LA MAISON QUI SE DÉFEND TOUTE SEULE CONTRE LES CAMBRIOLEURS !... VOUS AVEZ DEVANT VOUS UN GÉNIE 100% PUR PORC !
...ET ALORS, DISCIPLE ?!...
ALORS QUOI ?!?
BEN... ET LES FLATTERIES ?!...
AH OUI !... J'OUBLIAIS !... EXCUSEZ MA DISTRACTION !...
J'AVAIS JUSTEMENT PRÉPARÉ UN PETIT QUELQUE CHOSE !... HUM HUM... BROUM BROUM !...
CHER MAÎTRE BIEN-AIMÉ... PARMIS LES NOMBREUX INVENTEURS QUI NE VOUS ARRIVENT PAS AU TALON DE LA CHEVILLE...
?
...VOUS ÊTES LE PLUS GRAND, LE PLUS INVENTIF, LE PLUS TOUT CE QUE VOUS VOULEZ DE TOUS LES TEMPS... NON SEULEMENT, VOUS AVEZ LE CORTEX LE PLUS MUSCLÉ, NÉ D'UNE DURE MÈRE ET D'UN PÈRE INCONNU, MAIS EN PLUS, VOS CIRCONVOLUTIONS CERVICALES SONT BELLES COMME UN COUCHER DE SOLEIL SUR UN PLAT DE TAGLIATELLES, DE PLUS...
RRRRRRON
BUNK
VOUS N'EXAGÉREZ PAS UN TANT SOIT PEU, DISCIPLE ?!...
NON, N'EST-CE PAS !
...DE TOUT LE PANIER DE FRUITS DE LA CRÉATION, VOUS ÊTES DE LOIN LE PLUS MÛR, LE PLUS ABOUTI, LE PLUS ÉPLUCHÉ, LE PLUS...
BON !... ON ARRÊTE LES FLATTERIES, ON A DU TRAVAIL !...
9.
VENEZ AVEC MOI À L'EXTÉRIEUR, NOUS ALLONS PROCÉDER À QUELQUES ESSAIS !
QUEL EST LE ... QUI PRÉTEND QU'ON RETOMBE TOUJOURS SUR NOS PATTES ?

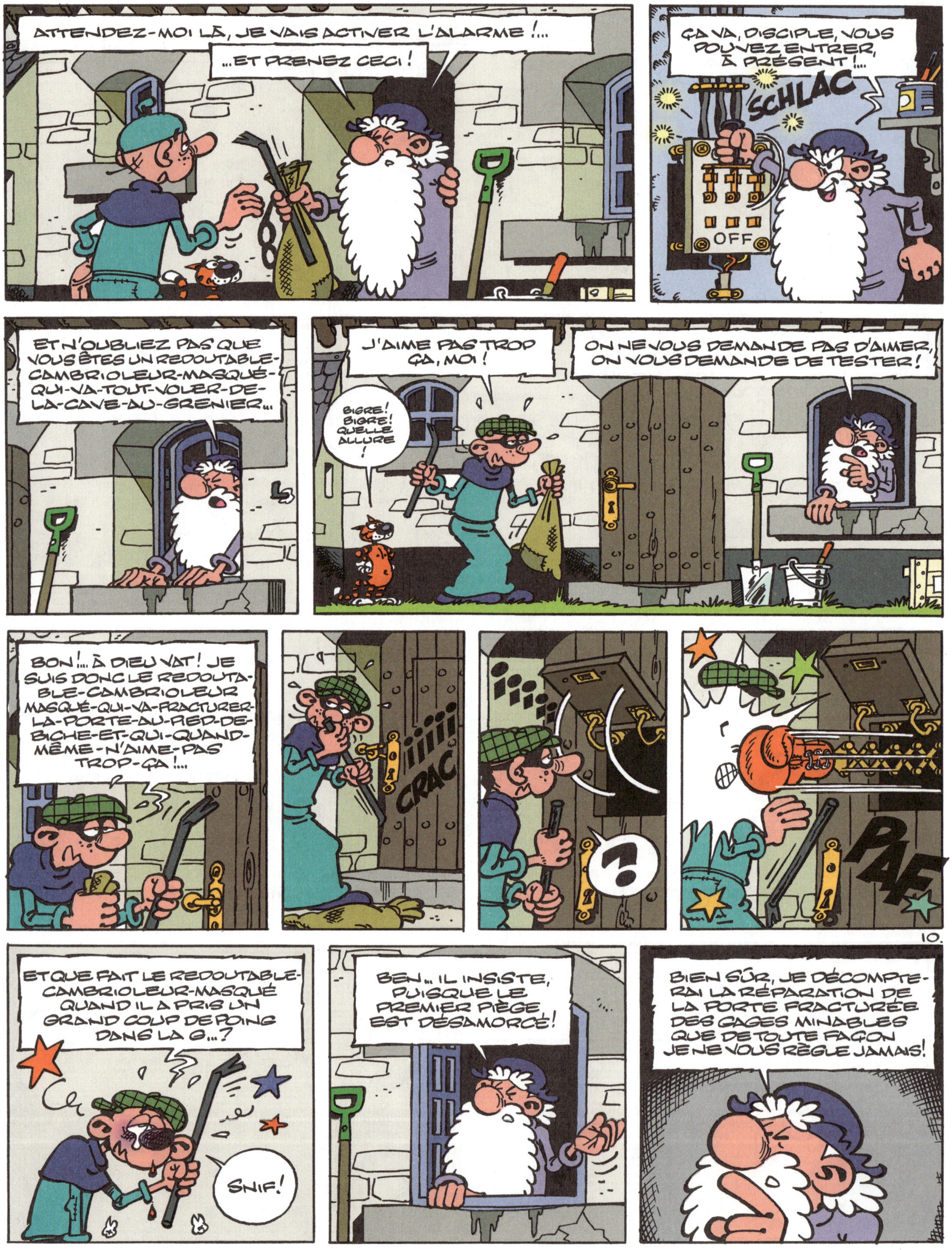
ATTENDEZ-MOI LÀ, JE VAIS ACTIVER L'ALARME !...
...ET PRENEZ CECI !
ÇA VA, DISCIPLE, VOUS POUVEZ ENTRER, À PRÉSENT !...
SCHLAC
OFF
ET N'OUBLIEZ PAS QUE VOUS ÊTES UN REDOUTABLE-CAMBRIOLEUR-MASQUÉ-QUI-VA-TOUT-VOLER-DE-LA-CAVE-AU-GRENIER...
J'AIME PAS TROP ÇA, MOI !
BIGRE ! BIGRE ! QUELLE ALLURE !
ON NE VOUS DEMANDE PAS D'AIMER, ON VOUS DEMANDE DE TESTER !
BON !... À DIEU VAT ! JE SUIS DONC LE REDOUTABLE-CAMBRIOLEUR MASQUÉ-QUI-VA-FRACTURER-LA-PORTE-AU-PIED-DE-BICHE-ET-QUI-QUAND-MÊME-N'AIME-PAS TROP-ÇA !...
CRAC
PAF
10.
ET QUE FAIT LE REDOUTABLE-CAMBRIOLEUR-MASQUÉ QUAND IL A PRIS UN GRAND COUP DE POING DANS LA G...?
SNIF !
BEN... IL INSISTE, PUISQUE LE PREMIER PIÈGE EST DÉSAMORCÉ !
BIEN SÛR, JE DÉCOMPTERAI LA RÉPARATION DE LA PORTE FRACTURÉE DES GAGES MINABLES QUE DE TOUTE FAÇON JE NE VOUS RÈGLE JAMAIS !

JE SUIS LE REDOUTABLE-CAMBRIOLEUR-MASQUÉ-AU-GROS-NEZ-QUI-VA-MONTER-L'ESCALIER-POUR-VOIR-S'IL-Y-A-DES-OBJETS-DE-VALEUR-À-L'ÉTAGE !
ET MOI, JE SUIS SON FIDÈLE INFIRMIER !
TRÈS BIEN !
ALLONS-Y PRUDEMMENT...
...AFIN DE POUVOIR DÉJOUER LES PIÈGES QUI M'ATTENDENT SÛREMENT AU PREMIER !
HÉ !
CLAC
CLAC
CLAC
CLAC
LAC
ZIIIIIIP
AU POIL !
QUE PENSEZ-VOUS DE MON ESCALIER RÉTRACTABLE, DISCIPLE ?...
BOF !
VE FUIS LE REDOUTABLE-CAMBRIOLEUR-MAFQUÉ-QUI-EN-A-MARRE-MAIS-MARRE... VOUS N'AVEZ PAS IDÉE !... BON... VE RECOMMENFE !...
11.
À PRÉSENT, J'OUVRE LE COFFRE-FORT POUR Y DÉROBER DES BIENS QUI NE M'APPARTIENNENT PAS ET...
?!?
ZIP
Bien mal acquis ne profite jamais !
BLAM
Bien mal acquis ne profite jamais !

VOUS... VOUS ÊTES PLUTÔT FURPRENANT, DANS VOTRE VENRE, MAÎTRE !
F'EST FA, F'EST FA, CONTINUONS !
HO ! DOUCEMENT ! JE N'ARRIVE PLUS À SUIVRE, MOI !
... ET LA CAVE ?... IL Y A PENSÉ, À LA CAVE, LE REDOUTABLE CAMBRIOLEUR MASQUÉ ?... HEIN ?
IL Y A DE BONNES BOUTEILLES, DANS UNE CAVE... VOUS DEVRIEZ Y ALLER ! LA PORTE N'EST MÊME PAS FERMÉE !
C'EST POURTANT VRAI, QUE LA PORTE N'EST PAS FERMÉE !...
SIMPLE MAIS EFFICACE !...
OUAIS !... UN GRAND CLASSIQUE !
LÀ, VA FALLOIR PLÂTRER L'ENCLUME !
TARATATSAAA ! JE SUIS LE REDOUTABLE-CAMBRIOLEUR-MASQUÉ-QUI-A-LES-GENOUX-CAGNEUX-MAIS-LE-PIED-DE-BICHE !...
PIN PON !
EUH !... J'ADMIRE VOTRE ENTHOUSIASME SANS TROP COMPRENDRE !... POURQUOI CHANTEZ-VOUS À TUE-TÊTE COMME ÇA ?...
"À TUE-TÊTE" !!! C'EST DE CIRCONSTANCE !
12.
RIEN, MAÎTRE !... JE VIENS D'INVENTER L'AUTO-PERSUASION !
TATSAAA !
?
TIENS, LE CAMBRIOLEUR... PARDON !... LE REDOUTABLE-CAMBRIOLEUR-MASQUÉ A UN PETIT CREUX !... IL VA DONC SE DIRIGER DU CÔTÉ DE LA CUISINE ET VOIR S'IL RESTE QUELQUES PÂTES À RÉCHAUFFER...
HÉ !... EN VOILÀ UNE IDÉE QU'ELLE EST BONNE !...
MIAM !
AJOUTE-T-IL !...

OH ! LE BEAU RÉFRIGÉRATEUR !... COMME IL DOIT ÊTRE PLEIN DE BONNES CHOSES...
PEUT-ÊTRE, MAIS L'AUTO-PERSUASION N'A PAS FONCTIONNÉ... ET MON DESTIN ME SEMBLE DE PLUS EN PLUS SOMBRE !
FRIGONARD
ALLONS, DISCIPLE, MIAM-MIAM !...
J'PEUX PASSER UN TOUR ?... J'LE SENS PAS BIEN, MOI, VOTRE TRUC, LÀ...
MIAM-MIAM, J'AI DIT !
BON, BON... VOUS FÂCHEZ PAS !
OH NON !
PCHHH
SNIF !
CHHHHH
BRAOM
EH OUI !
BRAOM
J'AI PEUT-ÊTRE UN BRIN FORCÉ SUR LA DYNAMITE !...
13.
BEAUCOUP, BEAUCOUP PLUS TARD...
DISCIPLE, RÉFLÉCHISSEZ !... SI VOUS ME TUEZ, IL N'Y AURA PLUS JAMAIS D'INVENTIONS !...
JUSTEMENT !
?
HOPITAL
URGENCES

deux garçons dans le vent

VENEZ UN PEU PAR ICI, DISCIPLE...
?
... ENLEVEZ DONC CETTE CHOSE INFORME ET BLEUÂTRE QUI VOUS SERT DE COUVRE-CHEF !...
S'IL VOUS PLAÎT, MACHIN !...
HUM ! HUM ! HUM !
?
AU PLUS JE VOUS REGARDE, AU PLUS JE SENS L'INUTILITÉ D'INVENTER POUR VOUS...
... LE GEL COIFFANT ! WAHAHAHAHA !
BEN QUOI ?... VOUS NE RIEZ PAS ?...
NON !
VOUS N'AVEZ PAS COMPRIS ?... VOUS N'AVEZ PLUS UN POIL SUR HAHAHA... SUR LE CAILLOU HOUHOU... DONC, IL EST INUTILE D'INVENTER HÉHÉHÉ !...
... LE GEL COIFFANT ! JE SAIS !
!?
15
BON !... VISIBLEMENT, VOUS AVEZ BIEN COMPRIS ET VOUS NE RIEZ TOUJOURS PAS !
NON !
PARCE QUE CE QUE VOUS M'AVEZ DIT EST TRÈS CRUEL ET QUE C'EST PAS BIEN DE VOUS MOQUER DE MOI ET QUE JE SENS MON PETIT COEUR S'EMPLIR DE TRISTESSE COMME UN CANIVEAU APRÈS UNE GROSSE PLUIE D'ORAGE !...
SNIF !

OUIIIIIN !!! DÉJÀ QUE J'AI DES COMPLEXES À CAUSE DE MA CALVITIE, ET VOUS, EN PLUS, VOUS VOUS MOQUEZ !... OUIIIIIN !!!
TSS ! TSS !
EUH !... JE VOUS PRIE DE M'EXCUSER !...
BOUHOU !...
LÀ !
ÇA SUFFIT PÂÂÂÂHAHA WAAAAAAAAH !...
GROS CHAGRIN !
BON, ÉCOUTEZ-MOI BIEN : JE VAIS PLUTÔT VOUS INVENTER QUELQUE CHOSE QUI VA VOUS FAIRE REPOUSSER LES CHEVEUX !
VRAI ?
PRÊTE, BERNADETTE ?
ROULE RAOUL !
VOUS NE DITES PAS ÇA POUR ME FAIRE PLAISIR, AU MOINS ?...
NON, NON, JE M'Y METS TOUT DE SUITE !
VRRRRR
PLOUTCH PLOUTCH
HMM !...
16.
... JE VAIS SORTIR ME PROMENER UN PEU... LES IDÉES VIENNENT MIEUX EN MARCHANT !
J'ARRIVE TOUT DE SUITE ! ATTENDEZ-MOI LÀ !...
UNE PETITE PROMENADE NE ME FERA PAS DE MAL À MOI NON PLUS !

HÉ !?!
NON !...
...OU PEUT-ÊTRE...
... AU FOND, SI JE FAISAIS PLUTÔT COMME... OUI... ÇA DEVRAIT MARCHER...
NON !
?
?
PFFF !
OU ALORS, PEUT-ÊTRE QU'EN...
NON !...
CE TYPE ME FAIT MARCHER !
...IL Y A SÛREMENT UNE MEILLEURE SOLUTION...
J'EN REVIENS PAS !
17.
MAIS OUI ! LA VOILÀ, LA SOLUTION ! BON SANG, JE SUIS GÉNIAL !
QU'EST-CE QUE JE FERAIS SANS MOI ?...
TIENS SI ! J'EN REVIENS !
ME REVOILÀ, DISCIPLE !... JE N'AI PAS ÉTÉ TROP LONG ?...
BOF !

VOUS AVEZ TROUVÉ UNE SOLUTION POUR MES CHEVEUX, MAÎTRE ??
MOI, JE VAIS FAIRE UNE DE CES SIESTES QUI SERA DIGNE DE FIGURER AU GUINNESS BOOK !...
HÉ ! MA MAISON !
PARFAITEMENT, JE VIENS DE DÉCOUVRIR LE PRINCIPE DE L'HÉLICO-CAPILLARITÉ...
C'EST C'LÂÂÂ !
... EN FAISANT PASSER UN COURANT ÉLECTRO-MAGNÉTIQUE DE FLUX NÉGATIVO-POSITIF DANS UN HÉLICON REMPLI DE PARTICULES DE KÉRATINE IONISÉE...
POURQUOI UN HÉLICON ?...
C'EST QUOI, LA KÉRATINE ?
LA KÉRATINE EST UNE SCLÉRO-PROTÉINE IMPERMÉABLE À L'EAU, RICHE EN SOUFRE, C'EST LA SUBSTANCE FONDAMENTALE DES POILS, DES ONGLES, DES SABOTS ET AUTRES PLUMES !...
... ET L'HÉLICON, C'EST PARCE QUE J'AI TOUJOURS RÊVÉ D'EN JOUER !
HÉLICON, CE MEC !
JE VAIS ÊTRE BEAU, MOI, AVEC DES PLUMES ET DES SABOTS !
BREF : JE VAIS JOUER ET IL VA VOUS REPOUSSER DU PERSIL SUR LE MOUCHODROME... EUH... PARDON... DE BELLES BOUCLES SUR VOTRE TÊTE JUVÉNILE !...
MAINTENANT, ON PASSE À LA PRATIQUE !... VOUS ME DONNEREZ LES OUTILS AU FUR ET À MESURE DE MES BESOINS... ALLONS-Y !
BING BING
RZZRR
PINCES !...
COMPTE-GOUTTES !...
CLING
AÏE ! MON DOIGT !
PCHHHT
OUAAH ! MON OEIL !
... PLUS QU'À AJOUTER LA KÉRATINE IONISÉE ET JE POURRAI ENTONNER L'HYMNE AUX POILS VALEUREUX !
VOUS CROYEZ QU'IL Y AURA ASSEZ DE KÉRATINE ?...
DITES DONC, MON PETIT BONHOMME, VOUS N'ALLEZ PAS COUPER EN QUATRE LES CHEVEUX QUE VOUS N'AVEZ PAS ENCORE ?...

OUI MAIS, SI COMME VOUS LE PRÉTENDEZ, LA KÉRATINE, C'EST BON POUR LES CHEVEUX ET QU'IL N'Y EN A PAS ASSEZ, HEIN ?...
RRRR
BLAM
VE CROIS QUE F'EST UN TRÈS BON DOVAGE POUR LA KÉRATINE !... V'EN FUIS MÊME FERTAIN !...
J'AIME À VOUS L'ENTENDRE DIRE !
QU'EST-CE QUI SE PASSE, ICI ?... QUI TIRE DES COUPS DE FEU DANS UN LABO FRAÎCHEMENT CIRÉ SANS METTRE LES PATINS ?
ON NE PEUT MÊME PLUS SE RESSOURCER AU CALME...
... DANS CET ASILE DE FOUS !...
CE N'EST RIEN !... ÇA... EUH... ÇA FAIT PARTIE D'UNE THÉRAPIE QUE SUIT MON DISCIPLE POUR RETROUVER SES CHEVEUX !...
OUAIS ! UNE THÉRAPIE DE CALIBRE 12 !...
BON !... BREF !... TOUT EST PRÊT !... JE COMMENCE À JOUER L'HYMNE À TOUT BERZINGUE !...
ÔTEZ VOTRE BÉRET, VOUS !
19.
POPÔPÔPONPONPON
PONPONPONPETITPATAPON
RAAAH ! POUR NOUS LES CASSER, IL A LE POMPON !

PO POPOPOPON
PO
EUH... VOUS NE CROYEZ PAS QUE VOUS JOUEZ AVEC UN PEU TROP D'ENTHOUSIASME, MAÎTRE ?...
TEHEU ! TEHEU !
MAINTENANT QUE VOUS LE DITES...
TEHEU... TEHEU...
VITE... TEHEU... TEHEU... IL FAUT OUVRIR LA TEHEU...
LA FENÊTRE, QUE VOUS VOULEZ DIRE, JE SUPPOSE, MAÎTRE ?
TEHEU !
TEHEU !
AAAH ! DISCIPLE, ÇA SE DISSIPE UN PEU, DIRAIT-ON ?...
TEHEU !
TEHEU !
TEHEU !
TEHEU !
RAAAAAAAAH !
EUH... EN TOUT CAS, ÇA PROUVE BIEN QU'IL Y AVAIT ASSEZ DE KÉRATINE !...
20.
VOUS VOULEZ QU'ON VOUS DISE, AU SUJET DE VOS INVENTIONS, LÀ ?...
GÉNIE !
TOUT CRÉATEUR A DROIT À L'ERREUR DUE AU TÂTONNEMENT, TOUT DE MÊME ?...
BLAM
...ET ENCORE, LÀ, JE RÉSUME !
...ET RENDEZ-MOI MON TROMBLON !

DISCIPLE, DEB...
ZOU
DISCIPLUS-SIMPLEX
STOP!!!
BOUDOUMBOUDOUM
M'Y FERAI JAMAIS!!!
LAISSEZ-MOI DEVINER!...
...VOTRE CORTEX A UNE FOIS DE PLUS TITILLÉ VOTRE DURE-MÈRE ET VOUS AVEZ, UNE FOIS DE PLUS, BESOIN DE MOI POUR TESTER UNE NOUVELLE-INVENTION-QUI-VA-RÉVOLUTIONNER-LE-MONDE!...
NON?...
BLUB!
FROTTE FROTTE
J'AI PAS RAISON ?...
VA ENCORE ME FALLOIR UNE HEURE POUR BROSSER CE POIL HÉRISSÉ!...
VOUS ÉCOUTEZ AUX PORTES DE MON CERVEAU, VOUS?
PAS DU TOUT, VOUS ÊTES TRÈS PRÉVISIBLE, VOUS SAVEZ!...
QUELQU'UN A VU LE GEL COIFFANT?
ET C'EST QUOI, L'INVENTION DU SIÈCLE D'AUJOURD'HUI?
FIGUREZ-VOUS QUE...?!
DRAIIIING
...ET LE SÈCHE-CHEVEUX?... OÙ EST PASSÉ LE SÈCHE-CHEVEUX?
21.
TIENS... QUI PEUT BIEN SONNER À CETTE HEURE-CI?
ALLEZ DONC VOIR, DISCIPLE!
ENTRE DEUX DE VOS INVENTIONS, VOUS AURIEZ PU INVENTER L'OUVRE-PORTE!
BONJOUR!
LA VOISINE!!!
BONJOUR, CHÈRE DEMOISELLE! QUE PUIS-JE POUR VOUS?...

C'EST POUR VOUS EMPRUNTER UN OEUF OU DEUX !... J'EN AI BESOIN POUR TERMINER UNE RECETTE ET LES MAGASINS SONT ENCORE FERMÉS !...
ENTREZ, JE VOUS EN PRIE !...
C'EST LA VOISINE, MAÎTRE ! POUR DES OEUFS !
SI, SI !...
?
EH BIEN, ON PEUT DIRE QUE VOUS TOMBEZ BIEN, VOUS !...
OH, VOUS, M'SIEUR LÉONARD !
VOUS VOULEZ DES OEUFS ? MOI, J'AI BIEN MIEUX À VOUS PROPOSER ! REGARDEZ-MOI ÇA !...
?
... LA POULE PONDEUSE CYBERNÉTIQUE !
EUH... ET À QUOI ÇA SERT, M'SIEUR LÉONARD ?...
TOUS LES MATINS, DES OEUFS FRAIS PONDUS !
COT
CLUNG
DÈS QUE LES PREMIERS OEUFS SERONT COUVÉS, VOUS AUREZ UN OU DEUX POUSSINS CYBERNÉTIQUES... LE TEMPS QU'ILS GRANDISSENT, C'EST-À-DIRE ENVIRON UNE DEMI-HEURE, ET VOUS AUREZ DES POULES PONDEUSES ET DONC DES OEUFS AUTANT QUE VOUS EN VOUDREZ !
MAIS C'EST TOUT SIMPLEMENT MAGNIFIQUE !
22
UNE QUESTION, MAÎTRE, QU'AVEZ-VOUS TROUVÉ COMME MOYEN GÉNIAL POUR QUE LES OEUFS SOIENT COUVÉS ?...
BRAVO, DISCIPLE ! BONNE QUESTION !
VENEZ, JE VAIS VOUS EXPLIQUER...
??
ZOU

POURQUOI ?... MAIS POURQUOI AI-JE POSÉ CETTE QUESTION ?
MERCI DE VOTRE COLLABORATION !
ÇA VA, MA POULE ?
ET NE VOUS EN FAITES PAS, LES OEUFS CYBERNÉTIQUES NE SE COUVENT QUE TROIS JOURS !... NE BOUGEZ PAS ET TOUT SE PASSERA BIEN !...
ET TROIS JOURS PLUS TARD...
TÉLÉPHONONS À LA VOISINE, QU'ELLE NOUS REJOIGNE...
DING
ÇA NE DEVRAIT PLUS TARDER, À PRÉSENT !
COMME C'EST ÉMOUVANT !
AAAH !
CRRR
FÉLICITATIONS, DISCIPLE, CE SONT DES POUSSINS !
COMME ILS SONT MIGNONS !
C'EST TOUT LEUR MAMAN !
CUI CUI CUI CUI CUI CUI
C'EST PARFAIT, DISCIPLE, VOUS POUVEZ DESCENDRE !
CH'PEUX PAS !...
GNIIIII !
23.
ANKYLOSE ! PAS GRAVE !...
...ET DANS MÊME PAS 10 MINUTES, NOUS AURONS DES OEUFS FRAIS !
COT
BEN !... ELLE EST RAIDE, CELLE-LÀ !

TENEZ, QU'EST-CE QUE JE VOUS DISAIS !...
POUIT
OH ! ALORS VOUS, M'SIEUR LÉONARD !
... C'EST TOUT SIMPLEMENT GÉNIAL !
NORMAL, PUISQUE JE LE SUIS !
DÉJÀ TOUT PETIT, J'ÉTAIS GÉNIAL DANS LES MARGES DE MES CAHIERS !
OH, VOUS, M'SIEUR LÉONARD !
MAIS RAMASSONS PLUTÔT LES ŒUFS PUIS JE VOUS EMBALLERAI VOS DEUX POULES, MON LAPIN !
MPFF !
OH, VOUS ALORS, M'SIEUR LÉONARD !
REGARDEZ-MOI ÇA, SI C'EST PAS BEAU !... ON EN MANGERAIT !
D'AILLEURS, C'EST CE QUE NOUS ALLONS FAIRE !
MIAM !
OH, VOUS ALORS, M'SIEUR LÉONARD !
HUM !
FRITCHIIII
MAIS, MAÎTRE ???
Y A PAS DE MAÎTRE QUI TIENNE, DISCIPLE !... MÊME QUAND VOUS NE FAITES RIEN, VOUS FAITES DES BÊTISES !...
BLAM
OH ! VOUS ALORS, M'SIEUR LÉONARD !
MOI, JE COURS DERRIÈRE, MAIS C'EST JUSTE POUR FAIRE MON JOGGING !

... ET UN PEU DE SABLE DU RHIN !...
VERSE
... DU CIMENT À PRISE RAPIDE !...
AJOUTE
QU'ÊTES-VOUS ENCORE EN TRAIN DE RÉALISER ?
TOUILLE TOUILLE
... UNE DE MES 427 INVENTIONS HEBDOMADAIRES, DISCIPLE !... VOUS ALLEZ VOIR... OOH !
UN PEU PLUS ET J'OUBLIAIS LE MÉTAL, LE VERRE ET L'AMPOULE... LE BOIS, LA FEUILLE D'ARBRE, ET LES POILS DE CHIEN !
RAJOUTE RAJOUTE
PLUS QU'À SEMER !...
... ARROSER SEC !
ENFIN, SI J'OSE DIRE !
ET...
POUF
25.
QUE PENSEZ-VOUS DE MA DERNIÈRE TROUVAILLE : LA RUE EN POUDRE ?...

le bouchon un peu loin

ET QUE CROYEZ-VOUS QUE JE SOIS EN TRAIN DE FAIRE ?...
?
?
??

domo-tics !

HAUSSE : 45,8 !
FEU !
PCHHH
BOUM
BONJOUR, MON DISCIPLE !... DÉJÀ LEVÉ ?
BEAU TIR, NON ?...
ÇA TOMBE BIEN, VOUS ALLEZ POUVOIR ASSISTER À MON TRIOMPHE !
NOUVELLE INVENTION EN VUE !
COUREZ ME CHERCHER MATHURINE, ÇA LA CONCERNE PARTICULIÈREMENT !
ON VA ÊTRE PLUSIEURS À SOUFFRIR !
QU'EST-CE QUI SE PASSE ENCORE ?... POURQUOI ME DÉRANGEZ-VOUS ?
QUESTION ON NE PEUT PLUS NETTE !
28.
C'EST QUE J'AI PAS QUE ÇA À FAIRE, MOI, VOUS SAVEZ ! LES PÂTES À PRÉPARER... L'ASPIRATEUR À PASSER... LA LESSIVE À FAIRE... LE LINGE À REPASS...
JE SAIS, JE SAIS...
ET FAIRE CUIRE LE POISSON POUR LE CHAT !
... MAIS JUSTEMENT, MA NOUVELLE INVENTION DEVRAIT VOUS FAIRE GRANDEMENT PLAISIR !...

JE VIENS DE PENSER À UN SYSTÈME QUI VOUS DONNERA UN MAXIMUM DE TEMPS LIBRE : LA DOMOTIQUE !... UN CONCEPT QUI FAIT QUE TOUT VOTRE TRAVAIL OU PRESQUE SE FERA AUTOMATIQUEMENT !
ÇA, ÇA M'INTÉRESSE !
MON DISCIPLE ET MOI... ENFIN... SURTOUT LUI, ALLONS VOUS TRANSFORMER LA MAISON EN HABITATION DE RÊVE OÙ TOUT FONCTIONNERA ÉLECTRONIQUEMENT !
HEIN, DISCIPLE ?
UH !
'SCUSEZ !... 'TITE SIESTE SAUVAGE !
C'EST VOUS LE SAUVAGE ! ALLEZ HOP !
TOUT D'ABORD, IL ME FAUT DES TÔLES !
AÏE ! LE SANG VA COMMENCER À COULER !
NORMALEMENT, JE DEVRAIS ENTENDRE MON DISCIPLE POUSSER LE CRI DÉCHIRANT DE CELUI QUI S'ENTAILLE PROFONDÉMENT LES DOIGTS DES DEUX MAINS AVEC UNE TÔLE COUPANTE COMME UN RASOIR !...
RIEN ! PAS LE PLUS PETIT CRI !
VOILÀ LES TÔLES, MAÎTRE !
EUH... VOUS N'ÊTES PAS BLESSÉ ???
29.
BEN NON !... J'AI PRIS LE TEMPS DE METTRE DES PANSEMENTS PARTOUT OÙ JE POURRAIS ME FAIRE DES BOBOS EN BRICOLANT ! J'AI ANTICIPÉ...
INCROYABLE ! IL A PENSÉ !
BON ! ON VA D'ABORD FABRIQUER LES PLATEAUX DE CONTRÔLE ET LES TUYAUX... APRÈS, ON FERA LES SAIGNÉES DANS LES MURS POUR...
SAIGNÉES !?? GRANDS DIEUX, QUE JE N'AIME PAS CE MOT !
BON ! BEN MOI, JE VAIS CUIRE MON POISSON MOI-MÊME !

... SAIGNÉES, HEIN ?... QUAND J'ÉCRIRAI UN TRAITÉ SUR L'HUMOUR, DISCIPLE, FAITES-MOI PENSER À NE PAS PARLER DE VOUS !
BAM
PAF
HOULÂHOULÂ ! HOULÂHOULÂ !
C'EST EXACTEMENT CE QUE JE DIS DANS LES MÊMES CIRCONSTANCES !
IL HOULÂHOULÂ... IL ME FAUT UN... HOULÂHOULÂ... PANSEMENT... HOULÂHOULÂ ... VITE ! VITE !
Y EN A PLUS ! JE LES AI TOUS UTILISÉS !
EUH... POURQUOI ME REGARDEZ-VOUS COMME ÇA ?
ZIIII
ON SE REMET AU BOULOT, À PRÉSENT, ET ON RATTRAPE LE TEMPS PERDU !
ON S'Y MET ! ON S'Y MET !
30.
CLANG BINGBING BALANG
SCIE SCIE SCIE CLOUECLOUE LIMELIMELIME RABOTE RABOTE COUPE... AÏE !!! PANSE PANSE
BON SANG ! IL AVAIT OUBLIÉ DE SE PANSER LE...
VOILÀ, MAÎTRE, C'EST FINI !
C'EST PAS TROP TÔT !
ET VOTRE... EUH... ÇA VA ?

BON ! PASSONS AUX ESSAIS...
MATHURINE !
OUIIIIIIII ?
SI VOUS CRIEZ, MOI, JE HURLE !...
LÀ !
NON MAIS ?
C'ÉTAIT JUSTE POUR VOUS DIRE QUE J'AVAIS TOUT TERMINÉ !...
IL VEUT DIRE QUE SON DISCIPLE A TOUT TERMINÉ !...
PAF
EH BIEN, MONTREZ-MOI TOUT ÇA !...
VOICI LE PUPITRE DE COMMANDE...
VOUS POUVEZ REPARLER NORMALEMENT, À PRÉSENT !
C'EST VRAI ?... BON !... ALORS D'ICI, VOUS POUVEZ ACTIONNER ET RÉGLER LES LUMIÈRES... FERMER LES VOLETS... METTRE LA MUSIQUE EN MARCHE... LE CHAUFFAGE, LE LAVE-VAISSELLE, PASSER L'ASPIRATEUR ET METTRE EN ROUTE LE FOUR À PAIN...
31.
... CAFETIÈRE ÉLECTRIQUE, LAVE-LINGE, J'EN PASSE ET DES MEILLEURES... ET TOUT ÇA, AUX HEURES QUI VOUS CONVIENNENT ET QUE VOUS AVEZ PROGRAMMÉES !...
FANTASTIQUE, J'AI HÂTE D'ESSAYER !
ALLEZ-Y, C'EST POUR VOUS QUE J'AI CRÉÉ LA DOMOTIQUE !...
HMM ! QUE CHOISIR ET À QUELLE HEURE ?...
JE SUIS TROP CURIEUSE DE VOIR TOUT ÇA EN ACTIVITÉ, ALORS, IL ME VIENT UNE IDÉE...
... SOUDAINE MAIS INTÉRESSANTE !

J'ESSAIE TOUT EN MÊME TEMPS !
NON !
STOP !
CLIC CLIC CLIC CLIC
CLIC CLIC CLIC
DJJ
iiii
WOUUUUU
BLANG BLANG
TCHIII
DIZZZZZZ
IL FAUT TOUT ARRÊTER ! ÇA VA PÉTER !!
BLANG BLANG
TCHIII
ALLONS, ALLONS, VOUS N'AVEZ PAS CONFIANCE EN VOS INVENTIONS ?... C'EST NOUVEAU, ÇA ?...
GNIIIIIII !
GLOU
SCHLOUF LAVE LAVE SCHLOUF
ZIIIIIII
IMPOSSIBLE D'ÉTEINDRE LES APPAREILS ! MONDIEUMONDIEUMONDIEU !
VOUS POUVEZ M'APPELER RAOUL !...
...JE SUIS RESTÉ SIMPLE !
CLIC
CLIC
GURGL
AH ! LE CAFÉ EST PASSÉ !
VOUS VOULEZ DIRE PASSÉ PAR-DESSUS !
TIENS ?... LE LINGE EST ESSORÉ ! VOYONS ÇA...
ZIIIII

RAAH! MA ROBE!
RAAAH! MA FOURRURE!
BLAAM
LE CAFÉ !!!
TATATATATSAAA TAA TATATATSA (*)
CRRRRRRRRRR
LES... LES VOLETS !...
* LA CHEVAUCHÉE DES WALKYRIES (SI, SI!)
MAIS ALORS!?? LE ROBOT À FAIRE LE PAIN?
... JE... JE CRAINS LE PIRE!... IL FAUT!...
BLOAF
TROP TARD!
BREF...
TOUT EST DE VOTRE FAUTE, MATHURINE!
JE VOUS HAIS! ESPÈCE DE LÉONARD!
COUREZ, AU LIEU DE VOUS DISPUTER!
ON VA VOUS LE FAIRE PASSER, LE GOÛT DU PAIN!
33

le clone triste

ALORS... OÙ EN ÉTAIS-JE ?... AH OUI : 100407 + L40 + L 100...
AU REVOIR, MAÎTRE !
TOC TOC
ENTREZ !
BONJOUR, MAÎTRE !
ENCORE VOUS ?
AU REVOIR, MAÎTRE !
C'EST ÇA, C'EST ÇA !...
TOC TOC
ENTREZ !
BONJOUR, MAÎTRE !
...
TOC TOC
ENTREZ !
35.
AAAAH !
EUH... JE... J'AI OUBLIÉ DE DÉBRANCHER LA MACHINE À CLONER ÉLECTRIQUE !... EUH... DÉSOLÉ, MATHURINE !...
DÉSOLÉ ! DÉSOLÉ ! FACILE À DIRE !

DITES, MAÎTRE, AU SUJET DE MON SALAIRE DE MISÈRE... SI JE POUVAIS VOUS DEMANDER UNE PETITE AVANCE POUR ACHETER DES BOUCLES D'OREILLES À MA MAMAN, C'EST SON ANNIV...
DE L'ARGENT? VOUS VOULEZ DE L'ARGENT?
ALORS QUE MOI, JE VOULAIS JUSTEMENT VOUS EN EMPRUNTER POUR FINANCER MA DERNIÈRE INVENTION!
AH, MON PETIT LÉO, JE SAIS QUE POUR MON ARGENT DE POCHE, C'EST LE DIMANCHE ET QU'ON EST VENDREDI, MAIS J'AI PROMIS...
...À LA CHATTE DE LA VOISINE DE L'EMMENER AU RESTO ET...
ET SI VOUS VOULEZ MANGER DES TAGLIATELLES À MIDI, FAUDRA ME DONNER DES LIRES POUR LES ACHETER PARCE QU'ON N'EN A PLUS UNE SEULE DANS LA MAISON!
JE...
ON N'A PLUS UN RADIS!
QUOI?
QUOI?
QUOI?
ET MES BOUCLES D'OREILLES?...
ET MES PÂTES?
ET MON RESTO?...
ET MON INVENTION, ALORS?
MAÎTRE, VOUS QUI AVEZ LE CERVEAU FULL-OPTIONS LE PLUS PÉTARADANT DU MONDE, VOUS ALLEZ SÛREMENT NOUS TROUVER UNE SOLUTION, HEIN?
OH OUI, VOUS QUI ÊTES DU BOIS DONT ON FAIT LES GÉNIES!
LE CERVEAU LE PLUS VÉLOCE DE L'OUEST DE LA GALAXIE!
DE L'EST AUSSI, D'AILLEURS!
RRON RRON
J'AI JAMAIS PU RÉSISTER À LA FLATTERIE... BON, C'EST D'ACCORD, JE VAIS CHERCHER!
HOURRA!
YOUP!
VIVE LE BARBU!!!

OUI !...
BEN NON !...
NON !...
PEUT-ÊTRE !...
... PAS DU TOUT !...
À MOINS QUE...
... FINALEMENT !...
POURTANT !...
FAUT VOIR...
AH !...
AAH !
AAAAH !... J'AI TROUVÉ !
TILT
JE DIRAIS BIEN "EURÊKA" SI UN AUTRE ZÈBRE NE L'AVAIT PAS DÉJÀ DIT !...
IL A TROUVÉ !
IL A TROUVÉ !
IL EST FORT, LE BOUGRE !
NOUS ALLONS CRÉER UNE SECTE !
UNE SECTE ?
UNE SECTE ?
UNE SECTE ?
UNE SECTE, OUI !... ÇA, ÇA RAPPORTE BEAUCOUP DE SOUS !...
$
CE SERA LA SECTE DES TIPOYONS !
ET MOI, BIEN SÛR, JE SERAI LE GRAND TIPOYON !...
VITE, MATHURINE... IL NOUS FAUT TROUVER DU TISSU POUR LES TENUES !...
37.
AU BOULOT, LES TIPOYONS !
MOI, JE DESSINE LES MODÈLES DE VÊTEMENTS !
MOI, JE COUPERAI SUIVANT LE PATRON DE MON PATRON, BASILE COUDRA ET RAOUL REPASSERA !

MAGNIFIQUE !... NOUS ALLONS POUVOIR OEUVRER !
I AM A TIPOYON DE DEUXIÈME CLASSE !
... MAIS D'ABORD : L'INCANTATION MAJUSCULE !...
Ô GRAND GIGAPOYON, DONNE-NOUS BEAUCOUP D'ADEPTES GIGAFORTUNÉS !
LÀ !
BON ! JE VOUS AI PEINT DES PANCARTES, NOUS ALLONS DÉFILER DANS NOS PLUS RICHES AVENUES !
ON ACCEPTE LES CARTES DE CRÉDIT !
DÉBARRASSEZ-VOUS DE VOS BIENS MATÉRIELS !
J'LE SENS PAS TROP, VOTRE TRUC, LÀ !...
CERTES
C'EST LE DÉBUT DE LA FIN !
LE MOMENT EST PROCHE ! C'EST LE GRAND TIPOYON QUI VOUS LE DIT !
MAMAN, TON FILS A HONTE !
MATÉRIELS
38.
ET PUIS D'ABORD, ÇA MARCHERA JAMAIS !... JAMAIS PERSONNE NE NOUS DONNERA LE MOINDRE CENTIME OU LA PLUS PETITE LI...
JE VEUX DEVENIR UN TIPOYON !...
VOICI MES VALEURS !
TOUS MES LINGOTS !
JE VEUX DONNER LE PREMIER !...
NON, MOI !!!... JE DONNE MIEUX !
ET MOI PLUS !

ÇA NE MARCHERA JAMAIS, HEIN ?...
HÉHÉ!
PFF!
LE MÔMENT EST LÀ ET BIEN LÀ!
HARÉ TIPOYON!
TIPOYON FOR EVER!
ON EST LES JOYEUX TIPOYONS
ON VIT PLUS COOL ET SANS POGNON...
BREF, LE SOIR...
NOTRE SECTE COMPTE 6.288 PIGEO... EUH... ADEPTES PARMI LES GENS LES PLUS AISÉS DE LA RÉGION!
J'AI FAIT LES COMPTES ET JE PUIS VOUS ANNONCER, AVEC UNE DIGNITÉ DE BON ALOI, QUE...
NOUS SOMMES RIIIIIIIIIICHES! YOUPIIIIIIIII! TATARATATSOIN!
JE VAIS POUVOIR FINANCER MES INVENTIONS JUSQU'À LA FIN DES TEMPS!
ET EN CE QUI CONCERNE L'AVANCE SUR MON SALAIRE!
ACCORDÉ!
ET MON ARGENT DE POCHE POUR LE RESTO AVEC LA CHATTE DE LA VOISINE ?...
ACCORDÉ!
ET POUR LES TAGLI...
ACCORDÉ!
JE VAIS TOUT PLACER EN BANQUE POUR QUE ÇA RAPPORTE DES INTÉRÊTS!
ET YOUPI!
ALLÔ? RAOUL À L'APPAREIL! J'AIMERAIS PARLER À VOTRE CHATTE, S'IL VOUS PLAÎT!

VOUS AVEZ TOUT CE QUE VOUS VOULIEZ !... VOUS ÊTES HEUREUX À PRÉSENT !
FINALEMENT : NON !
NOUS AVONS HONTE D'AVOIR ABUSÉ DE LA CRÉDULITÉ DE CES PAUVRES GENS !... ON EST MAL DANS NOTRE PEAU ! VOUS PAS ?
BIEN SÛR QUE NON ! J'AVAIS TOUT PRÉVU !
QUAND JE VOUS DIS QUE JE SUIS GÉNIAL !
COMMENT ÇA, VOUS AVIEZ TOUT PRÉVU ?... QUE VOULEZ-VOUS DIRE ?...
L'ARGENT, JE VAIS LE LEUR RENDRE !
C'EST ÇA, LE TRUC !
?
BRAVO ! BIEN PARLÉ ! JE SAVAIS QU'IL ÉTAIT HONNÊTE !
YOUPI !
FINALEMENT, C'EST UN TYPE BIEN, CE GRAND TIPOYON !
BREF, UN PEU PLUS TARD...
ET VOILÀ ! LE DERNIER ADEPTE A ÉTÉ REMBOURSÉ !... J'AI MA CONSCIENCE POUR MOI !
BRAVO MAIS !...
40.
...ET MON SALAIRE ?
...ET MON DIMANCHE ?
...ET MES PÂTES FUTURES ?
VOUS AUREZ TOUT ! J'AI RENDU L'ARGENT MAIS PAS LES INTÉRÊTS !
CE QUI, VOUS EN CONVIENDREZ, FAIT TOUTE LA DIFFÉRENCE !
FIN
ON NE M'ÔTERA PAS DE L'IDÉE QUE CE N'EST PAS TOUT À FAIT HONNÊTE... MAIS BON !... JE POURRAI ACHETER DES BOUCLES D'OREILLES À MÔMAN !
ET MOI, EMMENER MA CHATTE AU RESTO !
ET MOI, MES PÂTES !
ET VOUS TROUVEZ ÇA MORAL VOUS ?

BRAVO, DISCIPLE!!!
VOUS AVEZ ÉTÉ SÉLECTIONNÉ PARMI TOUS MES DISCIPLES POUR ÊTRE LE TESTEUR OFFICIEL DU PROGRAMME "HAPPY FLEA"
AH?
TON DUBITATIF
ET... SANS VOULOIR FRANCHIR LES FRONTIÈRES TÉNUES DU MERVEILLEUX PAYS DE L'INDISCRÉTION, PUIS-JE SAVOIR EN QUOI CONSISTE PLUS EXACTEMENT CE PROGRAMME ?...
"HAPPY FLEA" VEUT DIRE PUCE HEUREUSE !... C'EST UNE PUCE ÉLECTRONIQUE QUI, PAR LE BIAIS D'UNE STIMULATION IMAGINATIVE, VOUS PERMET DE RÉALISER VOS RÊVES LES PLUS SECRETS...
BON !... PLUS BESOIN DE MOI ?... ALORS J'ME CASSE !
FLAP FLAP
FANTASTIQUE !
CE LÉONARD EST UN GÉNIE !...
CETTE PHRASE CONSTITUE LE PARFAIT EXEMPLE DE PLÉONASME VICIEUX !
N'EMPÊCHE !... VOTRE IDÉE EST QUAND MÊME FORMIDABLE !
RAPPELEZ-MOI QUE JE VOUS DOIS UN COUP DE TROMBLON !... ET PUISQUE VOUS ÊTES CONVAINCU, SECOUEZ-VOUS LES PUCES, QUE JE PUISSE VOUS EN GREFFER UNE !...
41.
... ÇA ... ÇA NE VA PAS FAIRE MAL, AU MOINS ?... HEIN ?...
MEU NON ! VOYONS !
TCHIC TCHIC TCHIC
MPFF ! MPFF !
CEPENDANT, IL M'EST IMPOSSIBLE DE VOUS ENDORMIR, VU QUE JE N'AI PAS D'ANESTHÉSIQUE, CE QUI EST NORMAL PUISQUE JE NE L'AI PAS ENCORE INVENTÉ !
... MAIS, RASSUREZ-VOUS...

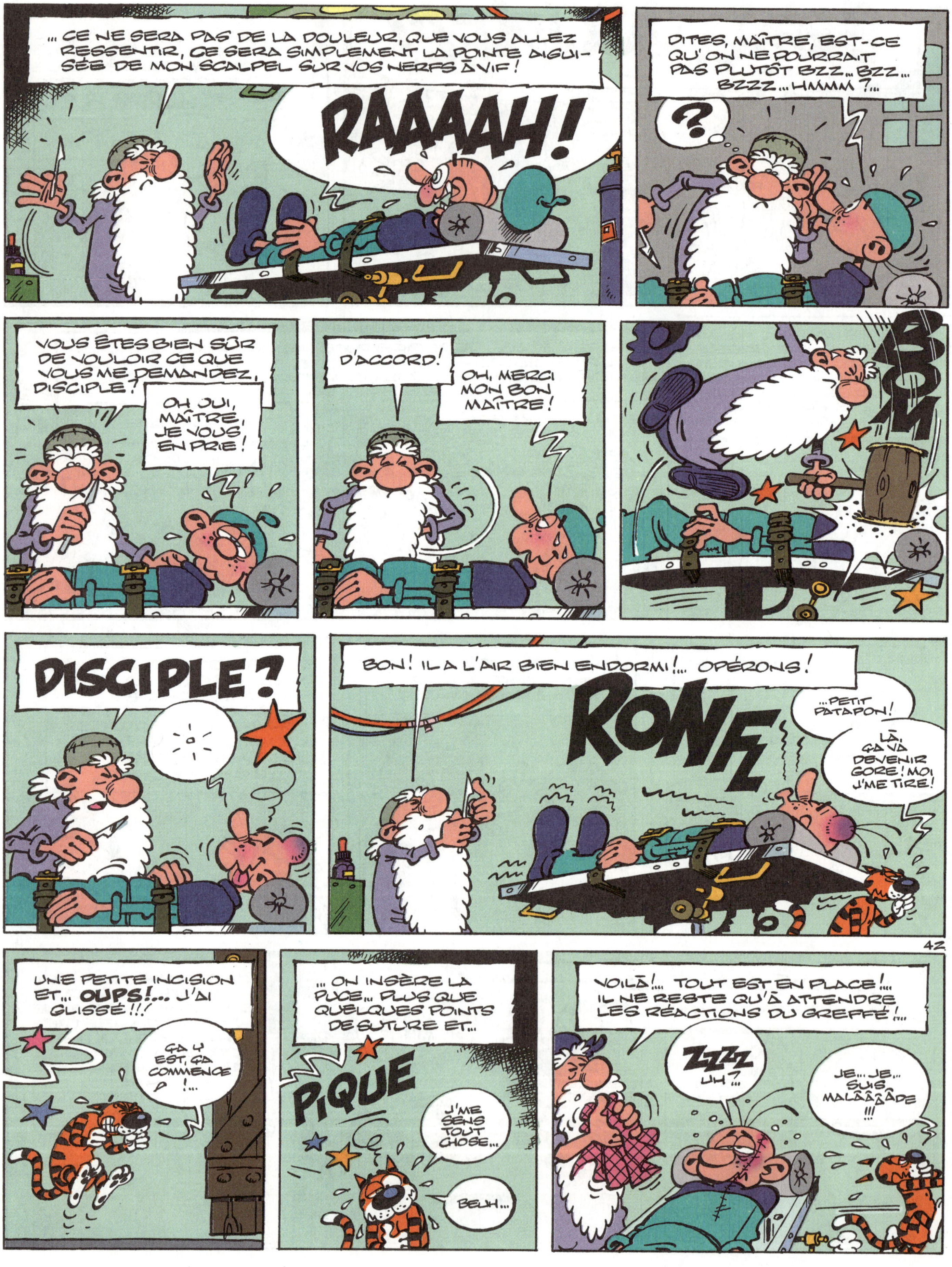

... CE NE SERA PAS DE LA DOULEUR, QUE VOUS ALLEZ RESSENTIR, CE SERA SIMPLEMENT LA POINTE AIGUISÉE DE MON SCALPEL SUR VOS NERFS À VIF !
RAAAAH !
DITES, MAÎTRE, EST-CE QU'ON NE POURRAIT PAS PLUTÔT BZZ... BZZ... BZZZ... HMMM ?...
?
VOUS ÊTES BIEN SÛR DE VOULOIR CE QUE VOUS ME DEMANDEZ, DISCIPLE ?
OH OUI, MAÎTRE, JE VOUS EN PRIE !
D'ACCORD !
OH, MERCI MON BON MAÎTRE !
BOM
DISCIPLE ?
BON ! IL A L'AIR BIEN ENDORMI !... OPÉRONS !
RONF
... PETIT PATAPON !
LÀ, ÇA VA DEVENIR GORE ! MOI J'ME TIRE !
42
UNE PETITE INCISION ET... OUPS !... J'AI GLISSÉ !!!
ÇA Y EST, ÇA COMMENCE !...
... ON INSÈRE LA PUCE... PLUS QUE QUELQUES POINTS DE SUTURE ET...
PIQUE
J'ME SENS TOUT CHOSE...
BEUH...
VOILÀ !... TOUT EST EN PLACE !... IL NE RESTE QU'À ATTENDRE LES RÉACTIONS DU GREFFÉ !...
ZZZZ UH ?
JE... JE... SUIS MALÂÂÂÂDE !!!

OÙ... OÙ SUIS-JE?
VOUS N'AURIEZ PAS UNE QUESTION UN PEU MOINS BANALE?
AH OUI!... JE ME SOUVIENS! LA PUCE!... ET ALORS, ÇA A MARCHÉ ?...
ÇA, C'EST À VOUS DE ME LE DIRE!... QU'EST-CE QUI VOUS FERAIT LE PLUS PLAISIR?... FACILE POUR VOUS, À PRÉSENT, IL VOUS SUFFIT D'Y PENSER!...
TILT
JE VEUX DEVENIR UN GÉNIE!
HÉ!!! OÙ M'EMMENEZ-VOUS?
SURPRISE!
ESCAMPETTE
PERLIN PIMPIN
ZOUM
MON LIT?... MAIS IL EST MIDI MOINS CINQ!?
BOUGEZ PAS, J'ARRIVE!
Léonardus Genialis
DISCIPLE, DEBOUT!
SLAM!
ON A DU BOULOT AUJOURD'HUI!
PAF
EH OUI, DISCIPLE, JE SAIS CE QUE C'EST QUE LA MALADRESSE!... LES DOIGTS ÉCRASÉS SONT MOINS DOULOUREUX QU'UNE MÈCHE DE PERCEUSE QUI VOUS TRAVERSE LA MAIN... ET JE NE VOUS PARLE PAS DU NEZ COINCÉ DANS LE GRILLE-PAIN...
ON SE DÉPÊCHE, MON INVENTION DOIT ÊTRE TERMINÉE POUR CE SOIR SANS FAUTE!

DRAIIING
ON SONNE À LA PORTE, DISCIPLE! ALLEZ DONC VOIR CE QUE C'EST!
?
C'EST LE GRAND ALBERT!
FAITES ENTRER!
BONJOUR, LÉO!
SALUT, ALBERT! ÇA BOUME?
ÇA VA, ÇA VA!... DITES, J'AI UNE INVENTION SUR LE FEU ET IL ME MANQUE QUELQUES TÔLES!... VOUS POURRIEZ M'EN PRÊTER?...
PAS DE PROBLÈME!
MERCI!
FAUT BIEN S'ENTRAIDER, ENTRE GÉNIES, PAS VRAI?... TIENS, À PROPOS, IL ME FAUDRAIT QUELQUES KILOMÈTRES DE CÂBLE ÉLECTRIQUE!... EST-CE QUE PAR HASARD?...
BIEN SÛR!... VENEZ!
MERCI BEAUCOUP!
PAS DE QUOI!
DRAIIING
JE SAIS! JE SAIS! JE VAIS OUVRIR!
44.
C'EST POUR QUELQUES ÉCROUS ET BOULONS...
MERCI, COLLÈGUE!
DE RIEN, COLLÈGUE!
DRAIIING
JE SAIS! JE SAIS! JE VAIS OUVRIR!

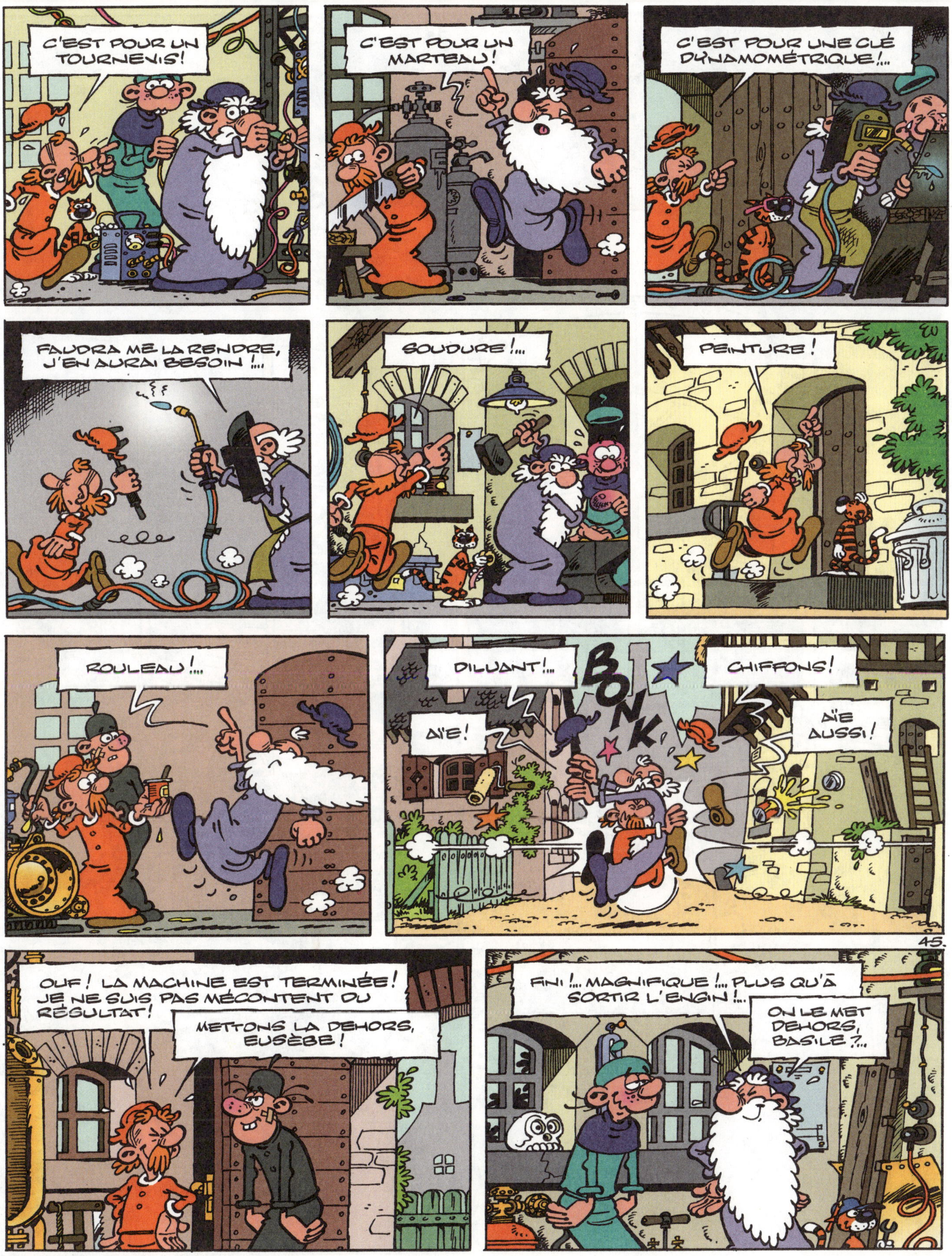
C'EST POUR UN TOURNEVIS!
C'EST POUR UN MARTEAU!
C'EST POUR UNE CLÉ DYNAMOMÉTRIQUE!...
FAUDRA ME LA RENDRE, J'EN AURAI BESOIN!...
SOUDURE!...
PEINTURE!
ROULEAU!...
DILUANT!...
BONK
AÏE!
CHIFFONS!
AÏE AUSSI!
45.
OUF! LA MACHINE EST TERMINÉE! JE NE SUIS PAS MÉCONTENT DU RÉSULTAT!
METTONS LA DEHORS, EUSÈBE!
FINI!... MAGNIFIQUE!... PLUS QU'À SORTIR L'ENGIN!...
ON LE MET DEHORS, BASILE?...

TUUT
DZiiiii
PROUT
PROUT
TUUT
DZiiiii
PROUT
PROUT
EUH!
EUH!
46.